高校入試

# 近道問題 24 長文読解

—攻略法の基本—

## この本の特色

**① コンパクトな問題集**

入試対策として必要な単元・項目を短期間で学習できるよう、コンパクトにまとめた問題集です。直前対策としてばかりではなく、自分の弱点を見つけ出す診断材料としても活用できるようになっています。

**② 豊富なデータ**

英俊社の「高校別入試対策シリーズ」「公立高校入試対策シリーズ」の豊富な入試問題などから問題を厳選してあります。

**③ ちかみち（CHIKAMICHI）の基本をマスター**

テーマ別に、問題を解く「カギ」となる攻略法を**ちかみち**として掲載しています。太字の設問は**ちかみち**に対応していますので、別冊の解答・解説の**ちかみち はこう使う!** で解き方を確認し、確実に身につけましょう。

**④ 公立入試の思考問題にも対応**

グラフや話し合いなど、さまざまな資料を組み合わせて読み解く問題まで幅広くカバーしています。

## この本の内容

# 1 接続語を入れる

ちかみち 1 ／CHIKAMICHI／

一、**前後の文の内容**をつかむ。
二、その内容が**どのような関係で接続しているか**を考える。

◆ 次の文章を読んで、後の問いに答えなさい。解答については、特に指示がない限り、字数指定の句読点は一字と数えます。（東福岡高）

心配性の人がいる。そんな人は、いつも自分がやることについて、「こんなことをして大丈夫かな?」「失敗したらどうしよう」と考えている。

それがすぐに言葉にも出る。「これがうまくいかないと、左遷されてしまうかもしれないな」「今度の試験に受からなければ、おれの人生真っ暗だ」など、失敗することばかりを思い浮かべてしまう。

たしかに、［X］的に考えるだけでは、物事は成り立たない。思い通りにいかなかったらどうするか、最悪の場合にどうするかについて、しっかりと想定して行動するべきだ。

（Ⅰ）、いつも失敗したときのことばかり口にする人は、案外、実際に失敗したときの対処法までは考えていないものだ。それなのに、自分の行動や人の行動にまでブレーキをかける。

無謀な暴走は確かにまずい。（Ⅱ）、何かに挑戦しようとしたら、失敗したときの対策を前もってきちんと考えておく必要がある。（Ⅲ）、最悪の事態にどう対処するかまで考えてから、事に挑戦するべきだ。

だからといって、何かをする前から「失敗したらどうしよう?」「こんなことをして大丈夫だろうか」と考えていては、何事も前に進まない。（Ⅳ）、「どうすれば成功するのか」を真剣に考えてみて、どうしても、その手段や方法が見つからなければ、チャレンジすることをやめればいい。

ただし、人生、先の見込みの立たないことのほうが多いのだ。失敗したときの対処法が見つからない場合でも、それをやらなくてはいけない、その状況に飛び込まなければならないこともしばしばある。そんなときは、とりあえずやってみて、「そのときはそのとき」と、腹をくくることも必要だ。

心配性の人は、自分のことだけではなく、人がやることについてもそうだ。だれかが何かをしようとするたびに、「そんなことをして大丈夫？　もし、失敗したら、どうするの？」「こんなことをして、上司に反対されたら、どうします？」などなど、横からストップをかけるようなことを言う。放っておくと、ずっと［Y］的なことばかりを口にしている。

もちろん、組織などでは、慎重に物事をとらえ、楽観的な人が暴走するのを食い止める人間も必要だ。そういう人がいてこそ、健全に物事が動く。だが、Aこの種の人は、心配するだけで、失敗したときの対処まで考えていることはない。ただ、不安をあおり立てるだけのことが多い。それでは、周囲の人を不愉快にさせ、うんざりさせるだけだ。

だれかがこのようなことを言い出したら、「そんなに心配なら、どんなことが起こる可能性があるのか、少しBシミュレーションをしてくれよ。そして、そうなったら、どうすればよいのか、考えてくれるとうれしいんだけどね」などと言っておくとよい。

（樋口裕一「頭がいい人、悪い人の〈口ぐせ〉」より）

問一　空欄［X］、［Y］に入る語句として最も適切なものをそれぞれ次から選び、記号で答えなさい。（同じ記号を二度以上使うことはできない）

X（　　）　Y（　　）

ア　主観　イ　客観　ウ　悲観
エ　個人　オ　楽天　カ　現実

問二　空欄（Ⅰ）～（Ⅳ）に入る語句として最も適切なものをそれぞれ次から選び、記号で答えなさい。（同じ記号を二度以上使うことはできない）

Ⅰ（　　）　Ⅱ（　　）　Ⅲ（　　）　Ⅳ（　　）

ア　まず　イ　つまり　ウ　そして
エ　だが　オ　だから

問三　文中――線部A「この種の人」とはどのような人を指すか。本文中より二つ抜き出しなさい。ただし、一つは五字、もう一つは二十字とする。

問四　文中――線部B「シミュレーション」を言い換えた表現を本文中より二字で抜き出しなさい。

# 2 指示語の指示内容をとらえる

\CHIKAMICHI/ **ちかみち 2**

一、原則として、指示内容の多くは**指示語の前の部分から**探す。
二、答えを指示語の代わりに入れて、前後の意味が通るかを確かめる。

◆ 次の文章を読んで、後の問いに答えなさい。（アナン学園高）

**漢語、大和言葉で「語彙力」のあるフレーズに**

語彙力を高めるには、二つの軸があります。

一つの軸は漢語を身につけることです。漢語というのは中国から入ってきた言葉ですが、①その比重は、実は日本語の中では非常に大きいものです。

ですから、夏目漱石の時代ぐらいまでは、男性はほとんど漢語になじむことが勉強の中心だったわけです。②それを素読という形でやる。それが勉強の中心でした。漢籍になじむというのが、教養があるということそのものだったわけです。

漢語のほうは、コンパクトに言いたいことを伝えます。そういう意味では非常に凝縮力がある。意味を凝縮する力があるのは漢語のよさです。

ですから、新聞などでは漢語が多用される。短い文章の中に意味をたくさん入れていくときには漢語が便利ということになります。

それともう一つの軸が大和言葉です。大和言葉は、漢語が入ってくる以前から、成立している日本語です。やわらかないい雰囲気の言葉が多いので、挨拶などでは大和言葉が活用されていることが多い。そして、雰囲気や人間関係を和らげるのに役立つのが大和言葉のよさです。ひらがな表記が似合うのが、大和言葉です。

**［A］「語彙力」は増えない**

今の全体の国語力、日本語能力を各世代で見ていきますと、漢語の活用の力というのは、年々、落ち続けています。

それは大きな流れとしては、漢籍というものを中心とした勉強から離れてきたということが一つ。もう一つは、そもそも活字離れが進んでしまっていることです。

私は活字文化を推進する委員会に所属しているぐらいなのですが、新聞や書籍などで使われている活字、それが日本人の教養、あるいは頭の働きそのものを支えていると考えています。

活字文化から離れてしまって、友達同士のおしゃべりだけでやっていると、語彙が増えない。語彙の少ない友達と延々と話しても、やっぱり語彙は増えない。500語ぐらいですべての用が足りてしまう。場合によってはすごいとかヤバいなどと言っていたら、20程度ですべての会話が終わってしまう。そうすると、③新しい言葉に出会えないわけです。

（齋藤　孝「大人の語彙力ノート」より）

問一 ――線①「その比重」とありますが、「比重」とは何が、何に占める割合ですか。次の空欄に当てはまる語句を本文中から抜き出して入れ、文を完成させなさい。

・（二字）が、（三字）の中に占める割合。

問二 ――線②「それ」が指す箇所を本文中から八字で抜き出しなさい。

問三 [A] に入る言葉として適当なものを後のア～エから選び、記号で答えなさい。（　　）

ア 大和言葉を活用するだけでは
イ すごい、ヤバいを非難しているだけでは
ウ 新聞や書籍を読んでいるだけでは
エ 友達同士のおしゃべりだけでは

問四 ――線③「新しい言葉に出会えない」とありますが、具体的にはどうなっていくことですか。本文中の語句を使って、二十五字以内で答えなさい。

問五 次の意味の語句を本文中からそれぞれ抜き出しなさい。

(1) 「独立」の対義語（　　）
(2) 「利用」の類義語（　　）
(3) 「その場所が自然に作り出している特定の傾向をもつ気分」という意味の三字の熟語

# 3 空欄に語句を入れる

ちかみち 3 CHIKAMICHI

一、前後に**手がかりとなる表現がないか**をおさえて考える。
二、選んだ語句を空欄に入れて、意味が通るかを確かめる。

◆次の文章を読んで、後の問いに答えなさい。字数制限がある解答の場合は、句読点・「　」などを字数に含めます。なお、設問の関係上、本文を一部改変しています。（浪速高）

お米は、長い間、私たちの食生活の中心にあり、主食として空腹を満たし、健康を守り支えてきました。しかし、知られていないことが多くあります。ここでは、顕著な例を二つだけ紹介します。

一つの例は、お餅をつくるのに使うお米である「もち米」についてです。このもち米という言葉はよく知られているのですが、漢字がほとんど知られていません。多くの場合、「餅米」という字が書かれます。［①］、これは誤りです。

お餅に使われる「餅」という字は、「うすくて平たい」を意味する文字です。［②］、ついて伸ばしてお餅になったときに使われるものです。お餅になる前のもち米に、「餅」を使うのは正しくありません。

とすると、「もち米」は、どのような字なのかと不思議がられます。正解は「糯米」です。この「糯」という字は、「しっとりとした粘り気のある」という意味を含み、もち米の性質をそのまま表しているのです。

もち米に対し、私たちがふつうの食事のときに食べるお米の名前は、何でしょうか。この名前は、もち米ほど多くの人に知られているとはいえませんが、比較的、よく知られています。そのお米は、「うるち」、［③］、「うるち米」といわれます。

ところが、この「うるち」という漢字を書ける人は少ないのです。もち米の漢字と同じように知られていません。うるちは「粳」と書かれます。この字は、「硬くてしっかりしている」という意味を含み、うるち米の性質を表しています。

こうして、糯米と粳米という漢字を紹介されても、しばらくの月日が経過して、どちらか一方だけの漢字が示され、「何と読みますか」と問われると、また困ります。どちらが

「もちごめ」か「うるちまい」かが忘れられてしまい、悩みになります。それほど、お米については、毎日食べられているのに、知られていないのです。

お米についてよく知られていない二つ目の例は、「［④］」についてです。近年、このお米は、市販されており、利用が広がっています。炊く前に水で洗う必要がないので、ひと手間省ける便利なお米です。しかし、多くの人々には、誤解されています。

その特徴から、「一人暮らしの人が、少しのお米を洗わなくても食べられるお米」とか、「冬の寒い日、冷たい水に手をつけなくてもよいお米」とか、「洗い方を知らない人でも、炊けるお米」などの印象を持たれています。多くの人に、「無洗米は、不精な人が手抜きのために使うお米」と考えられているようです。

それ以上に、「無洗米はおいしくない」という印象があります。無洗米は洗う必要がないために、「すでに水洗いされたお米が乾かされたものだろう」と想像されるのです。「水を使って洗ったあとに乾かされたお米が、おいしいはずがない」という観念がその理由になっています。

ところが、そうではありません。無洗米を試食した多くの人は、「おいしい」という感想をもちます。その通りで、⑤無洗米の大きな特徴は、おいしいことなのです。［⑥］、無洗米は、水を使って洗ったあとで乾かしたお米ではないからです。

「水を使わずに、どのようにして洗うのか」との〝ふしぎ〟が浮かびます。これは、炊く前にお米を洗う理由を［⑦］していることから浮かぶ〝ふしぎ〟でもあります。

お米を洗うのは、お米が汚れているからではありません。［⑧］です。「お米を洗う」という表現が使われますが、ぬかや汚れを洗い落とすのではなく、ぬかを取り除くために、「⑨お米を研（と）ぐ」というのが正しい表現といわれます。

玄米は精米機に入れられて、ぬかや胚芽（はいが）が取り除かれ、精白米になります。ところが、精白米の表面にはまだうっすらと、「肌ぬか」とよばれるぬかが残っています。肌ぬかはおいしくないので、食べる前に洗い落とさなければなりません。そのために、炊く前にお米をやさしくかきまぜながら、水洗いするのです。

無洗米は、水を使わずに、肌ぬかの性質をたくみに利用して、この肌ぬかを取り除いたものです。たとえば、お米を金属製の筒に入れ、お米が壁面にぶつかるように筒内を高速で攪拌（かくはん）します。

すると、お米の肌ぬかが壁面につきます。その肌ぬかに次々とお米が当たり、お米の表面の肌ぬかが壁面の肌ぬかについて剝がされます。これは、肌ぬかの粘着性が高く、肌ぬか同士がくっつくという性質をたくみに利用しています。

　この方法でできる無洗米は、水洗いよりもきれいに肌ぬかがとれるので、おいしいのです。また、精白米の表面には、おいしさのもととなる「うまみ層」があります。水で洗うと、このうまみ層が壊れたりもします。粘着力で肌ぬかをとると、うまみ層が傷つかずにそのまま残ります。だから、おいしくなるのです。

（田中　修「植物のひみつ」より）

**問一**　①・②・③・⑥ にあてはまる語として最も適当なものをそれぞれ次から選び、記号で答えなさい。

①（　　）②（　　）③（　　）⑥（　　）

ア　なぜなら　　イ　ですから　　ウ　しかし

エ　あるいは　　オ　たとえば

**問二**　④・⑦ にあてはまる語を、本文中からそれぞれ抜き出しなさい。

④（　　）⑦（　　）

**問三**　傍線部⑤「無洗米の大きな特徴は、おいしいこと」とありますが、なぜ水洗いするお米よりも「おいしい」のですか。その理由を四十字以内で説明しなさい。

**問四**　⑧ に入る言葉として最も適当なものを次から選び、記号で答えなさい。（　　）

ア　お米をやわらかくして炊きあがる時間を早くするため

イ　お米の表面に水分をたっぷり吸収させるため

ウ　お米の内部に含まれているあくを抜くため

エ　お米の表面をうっすらと覆っているぬかをとるため

**問五**　傍線部⑨「お米を研ぐ」ということをわかりやすく説明している箇所を、本文中から二十字以内で抜き出しなさい。

# 4 脱文を元に戻す

＼CHIKAMICHI／ ちかみち 4

一、脱文の内容をしっかりおさえ、**本文とつながりのある語句や表現**に着目する。
二、その語句や、**指示語・接続語**から、どこに入る一文かをある程度予測する。
三、選んだ場所に脱文を入れて、その前後のつじつまが合うかを確かめる。

◆ 次の文章を読んで、後の問いに答えなさい。※設問の都合上、段落番号を付しています。（京都両洋高）

一 家庭と学校という場所は、いのちのやりとりということの大事なものを深く体験するためにあるはずだった。家庭や学校で体験されるべきとても大事なこと、それについてもう少し考えてみよう。

二 学校について友人と話したとき、彼がおもしろい問いをぶつけてきた。幼稚園じゃお歌とお遊戯ばかりだったのに、どうして学校に上がるとお歌とお遊戯が授業から外されるんだろうというのだ。

【中略】

三 幼稚園では、いっしょに歌い、いっしょにお遊戯をするだけでなく、いっしょにおやつやお弁当も食べる。他人の身体に起こっていることを生き生きと感じる練習だ。①そういう作業がなぜ学校では軽視されるのか、不思議なかんじがする。ここで他者への想像力は、幸福の感情と深くむすびついている。【ア】

四 生きる理由がどうしても見当たらなくなったときに、じぶんが生きるにあたいする者であることをじぶんに納得させるのは、思いの外むずかしい。そのとき、死への恐れは働いていても、生きるべきだという倫理（りんり）は働かない。生きるということが楽しいものであることの経験、そういう②人生への肯定が底にないと、死なないでいることをじぶんでは肯定できないものだ。お歌とお遊戯はその楽しさを体験するためにあったはずだ。永井均は最近の著作のなかでこう書いている。「子供の教育において第一になすべきことは、道徳を教えることではなく、人生が楽しいということを、つまり自己の生が根源において肯定されるべきものであることを、体に覚え込ませてやることである」と（『これがニーチェだ』）。あるいは、幼児期に不幸な体験があったとして、③それに代わるものを、それに耐えられるだけの力を、学校はあたえうるのでなければその存在理由はない。だれかの子として認められなかった子どもに、その子を「だれか」として全的に肯定することで、存在理由をあたえうるのでなければ、④その存在の意味がない。【イ】

五 近代社会では、ひとは他人との関係の結び方を、まずは家庭と学校という二つの場所で学ぶ。養育・教育というのは、共同生活のルールを教えることではある。が、ほんとうに重要なのは、ルールそのものではなくて、（Ⅰ）ルールがなりたつための前提がなんであるかを理解させることであろう。社会において規則がなりたつのは、相手も同じ規則に従うだろうという相互の期待や信頼がなりたっているときだけである。【ウ】

六 幼稚園でのお歌とお遊戯、学校での給食。みなでいっしょに身体を使い、動かすことで、他人の身体に起こっていること、（Ⅱ）、直接に知覚できないことを生き生きと感じる練習を、わたしたちはくりかえしてきた。身体に想像力を備わせることで、他人を思いやる気持ちを、つまりは⑤共存の条件となるものを、育んできたのである。

七 さて家庭では、ひとは、〈信頼〉のさらにその基盤となるものを学ぶ。というより、からだで深く憶える。〈親密さ〉という感情である。

八 家庭という場所、そこでひとはいわば無条件で他人の世話をうける。言うことを聞いたからとか、おりこうさんにしたらとかいった理由や条件なしに、自分がただここにいるという、ただそういう理由だけで世話をしてもらった経験がたいていのひとにはある。こぼしたミルクを拭ってもらい、便で汚れた肛門をふいてもらい、あごや脇の下、指や脚のあいだを丹念に洗ってもらった経験……。そういう「Ⅳ」を、いかなる条件や留保もつけずにしてもらった経験が、将来自分がどれほど他人を憎むことになろうとも、最後のぎりぎりのところでひとへの〈信頼〉を失わないでいさせてくれる。そういう人生への肯定感情がなければ、ひとは苦しみが堆積するなかで、最終的に、死なないでいる理由をもちえないだろうと思われる。【エ】

九 あるいは、生きることのプライドを、追いつめられたぎりぎりのところでもてるかどうかは、自分が無条件に肯定された経験をもっているかどうか、わたしがわたしであるというだけでぜんぶ認められ世話されたことがあるかどうかにかかっていると言い換えてもいい。その経験があれば、母がじぶんを産んでしばらくして死んでも耐えられる。こういう経験がないと、一生どこか欠乏感をもってしか生きられない。（Ⅲ）、じぶんが親や他人にとって邪魔な存在ではないのかという疑いをいつも払拭できない。つまりじぶんを、存在する価値のあるものとして認めることが最後のところでできないのである。

十　逆にこういう経験があれば、他人もまたじぶんと同じ「一」として存在すべきものとして尊敬できる。かわいがられる経験。まさぐられ、あそばれ、いたわられる経験。人間の尊厳とは、最終的にそういう経験を幼いときにもてたかどうかにかかっているとは言えないだろうか。

（鷲田清一「悲鳴をあげる身体」より）

（語注）遊戯…幼稚園などで行う集団的な遊びや踊り。
倫理（りんり）…人として守り行うべき道。
根源…物事の一番もとになっているもの。
ニーチェ…ドイツの哲学者。（一八四四～一九〇〇）
観念…物事に対する考え。
堆積（たいせき）…積み重ねること。
欠乏…不足すること。
尊厳…尊くおごそかなこと。

---

**問一**　文中の（Ⅰ）～（Ⅲ）に当てはまる言葉として適当なものを次の**ア**～**カ**よりそれぞれ一つ選び、記号で答えなさい。Ⅰ（　　）Ⅱ（　　）Ⅲ（　　）

**ア**　しかし　**イ**　あるいは　**ウ**　むしろ
**エ**　つまり　**オ**　たとえば　**カ**　そして

**問二**　傍線部①「そういう作業」とはどのようなことか。本文中より二十五字で抜き出し、最初の五字を答えなさい。

□□□□□

**問三**　傍線部②「人生への肯定」を筆者は具体的にどのようなものであると考えているか。適当なものを次の**ア**～**エ**より一つ選び、記号で答えなさい。（　　）

**ア**　じぶんの人生の生きる目標を、家庭や学校生活から見つけだすこと。
**イ**　生きることを楽しいと感じ、自己の人生が根源的に肯定されること。
**ウ**　学校の授業でお歌やお遊戯がなくなったとしても、納得をすること。
**エ**　死への恐れが働いたときも、じぶんの生きる理由を見つけだすこと。

問四　傍線部③「それ」が指しているものを本文中より五字で抜き出しなさい。

問五　傍線部④「その」が指しているものを本文中より漢字二字で抜き出しなさい。

問六　次の一文を入れるのに適当な箇所を本文中の【ア】～【エ】より一つ選び、記号で答えなさい。（　　）

**《他人へのそういう根源的な〈信頼〉がどこかで成立していないと、社会は観念だけの不安定なものになる。》**

問七　傍線部⑤「共存の条件となるもの」とは何か。適当なものを次のア～エより一つ選び、記号で答えなさい。（　　）

ア　幼児期に自身の身に起こった不幸な体験を他者に伝えることで、自分を肯定すること。

イ　家庭にて他人からの世話をうけるときに、必ず理由や条件といったものをつけること。

ウ　家庭や学校での生活を通じて、他人との関係の結び方や共同生活のルールを学ぶこと。

エ　お互いが期待や信頼を持って一緒に過ごすことで、他人を思いやる気持ちを育むこと。

問八　空欄 Ⅳ に入る語句として適当なものを次のア～エより一つ選び、記号で答えなさい。（　　）

ア　存在の否定　　イ　存在の世話

ウ　存在の理解　　エ　存在の価値

問九　本文の内容と合致する説明として適当なものを次のア～エより一つ選び、記号で答えなさい。（　　）

ア　幼稚園でのお歌やお遊戯の意義は、幼いころから社会における共同生活のルールを覚えさせることにある。

イ　自分が生きるに値するかを認識するには、死ぬことへの恐怖を取り除くことから始めることが大切である。

ウ　学校生活の役割とは、他者から世話をされることを経験することで信頼というものを学ばせるためにある。

エ　家庭生活の役割とは、信頼の基盤である親密さを感じさせ、生きることへのプライドを与えることである。

# 5 理由を説明する

ちかみち 5 CHIKAMICHI

一、論の流れをつかみ、理由について述べられている部分の見当をつける。
二、**「だから」「したがって」**などの接続語や、**「…ので」「…から」「…ため」「…のだ」**などの理由を表す言葉に着目する。
三、解答の文末は**「…から」「…ため」**などの形でしめくくる。

◆ 次の文章を読んで、後の問いに答えなさい。

（日ノ本学園高）

人と人との〈つながり〉の問題を考える最初の出発点として、人は本当に一人では生きられないのか、 A 、まあそれなりに生きていけるのかといった問いを立ててみましょう。

かつての日本には「ムラ社会」という言葉でよく表現されるような地域共同体が存在していました。「ご近所の人の顔と名前はぜんぶわかる」といった集落がそれですね。

これは、何も地方の農村や漁村だけに限ったことでなく、東京のような都会にだってあったのです。『ＡＬＷＡＹＳ三丁目の夕日』――映画ですから描き方にはフィクションの要素も多分に入っているとはいえ――のように、近所に住む住人同士の関係が非常に濃密な「ご町内」が、昭和四〇年くらいまでの日本には確かにありました。

そんな「ムラ社会」が確固として存在した昔であれば、これは明らかに「一人では生きていけない」ということは厳然とした事実でした。

なにより、食料や衣類をはじめ、生活に必要な物資を調達するためにも、仕事に就くにしても、いろいろな人たちの手を借りなければいけなかったからです。こうした、物理的に一人では生活できない時代は長く続きました。 B 村の交際から締め出されてしまう「村八分」※というペナルティは、わりと最近まで死活問題だったわけです。

ところが近代社会になってきて、貨幣（＝お金）というものが、より生活を媒介する手段として浸透していくと、極端な話お金さえあれば、生きるために必要なサービスはだいたい享受できるようになりました。

とりわけ、今はコンビニなど二十四時間営業の店も増え、思い立った時にいつでも生活必需品は手に入れられるし、ネットショッピングと宅配を使えば、部屋から一歩も出ずにあらゆるサービスを受けることも可能になっています。働くにしても、仕事の種類によってはメールとファックスで全部済んでしまう場合だってあります。

このように、①一人で生きていても昔のように困ることはありません。生き方としては、「誰とも付き合わず、一人で生きる」ことも選択可能なのです。

ある意味で、「人は一人では生きていけない」というこれまでの前提がもはや成立しない状況は現実には生じているといえるのです。

さて、こうした現代的状況を目の前にして私が言いたいのは、「だから、一人でも生きていけるんだよ」ということではありません。みんなバラバラに自分の欲望のおもむくままに勝手に生きていきましょうといったことでもありません。「一人でも生きていくことができてしまう社会だから、人とつながることが昔より複雑で難しい」のは当たり前だし、人とのつながりが本当の意味で大切になってきている」ということが言いたいのです。つながりの問題は、こうした観点から考え直したほうがよさそうです。

でも、普通の人間の直感として「そうは言っても、一人はさびしいな」という感覚がありますね。本当に世捨て人のような生活が理想だという人もいないわけではありませんが、たいてい、仮にどんなに孤独癖の強い人でも、まったくの一人ぼっちではさびしいと感じるものです。

ではなぜ一人ではさびしいのでしょうか。やはり親しい人、心から安心できる人と交流していたい、誰かとつながりを保ちたい。そのことが、人間の幸せのひとつの大きな柱を作っているからです。だからほとんどの人が友だちがほしいし、家庭の幸せを求めているわけです。

あの人と付き合うと便利だとか便利じゃないとか、得だとか損だとかいった、そういった利得の側面で人がつながっている面もたしかにあるけれども、[C]人と人とのつながりはそれだけではないわけです。

だから、「人は一人でも生きていけるか」という問いに対する私の答えは、「現代社会において基本的に人間は経済的条件と身体的条件がそろえば、一人で生きていくことも不可能ではない。しかし、大丈夫、②一人で生きていると思い込んでいても、人はどこかで必ず他の人々とのつながりを求めがちになるだろう」です。

（菅野　仁「友だち幻想」より）

※村八分…仲間外れ

問一　[A]～[C]に入る語として最も適切なものを、次のア～エからそれぞれ一つずつ選んで、その符号を書きなさい。A（　　）B（　　）C（　　）

ア　しかし　イ　それとも

ウ　だから　エ　では

問二　次の文を入れるのに最も適切な個所はどこか。直前の五字を抜き出して書きなさい。（ただし、句読点も一字に数える。）[　　　　　]

今の私たちは、お金さえあれば一人でも生きていける社会に生きています。

問三　傍線部①のように困るのはなぜか。最も適切なものを次のア～エから一つ選んで符号を書きなさい。

（　　）

ア　物理的に一人では生活できない時代であったということ。

イ　自分一人で何でもやらなければ生きていけないということ。

ウ　サービスを利用しなければ生きていけないということ。

エ　ペナルティを課さなければ生きていけないということ。

問四　傍線部②の理由が書かれている一文の初めの五字を書きなさい。（句読点は一字に数えない。）[　　　　　]

問五　本文の内容に一致していないものを、次のア～エから一つ選んで、その符号を書きなさい。（　　）

ア　現代社会において基本的に人間は経済的条件と身体的条件がそろえば、一人で生きていくことも不可能ではないということ。

イ　現代社会においてお金があったとしてもサービスを受けることができないため、一人で生きていくことは困難であるということ。

ウ　現代社会において一人でも生きていくことができてしまう社会だから、人とつながることが昔より複雑で難しいということ。

エ　現代社会において孤独癖の強い人でも、一人ではさびしいと感じ、他の人とのつながりを求めがちであること。

# 6 段落の働きをとらえる

ちかみち6 /CHIKAMICHI/

一、段落の内容をよく表している**キーワードや中心となる文**を見つけて、**段落の要点**をおさえる。
二、**接続語や指示語**を手がかりに、前後の段落とそれぞれ**どのような関係でつながっているか**を考える。

◆ 次の文章を読んで、後の問いに答えなさい。なお、設問の都合上、各形式段落に1〜10の番号を付している。（長崎県）

1 「フェールセーフ」という言葉をご存じだろうか。これは、工学における設計思想の一つであり、「機械は必ず壊れる」「誤操作は必ず起こる」ことを前提として、万が一そうなった場合に安全側に制御する手法あるいは原則のことである。

2 この「安全側」という表現は聞き慣れないものと思う。たとえば、自動車であれば、コントロール系に障害が発生したときに、自動車が暴走するのではなく、停止するように作動させる設計が、フェールセーフだ。暴走も停止も、走行に対する「障害」であることでは同じだが、「暴走」は危険側であり、「停止」は安全側である、という見方をする。これが工学の基本である。

3 青と赤の二灯の信号機がある。青が進め、赤が停まれだ。何故二つのランプが必要なのだろうか。常に電気を消費する。たとえば、赤のランプだけにして、これが光っていれば停まれ、消えていれば進め、というシステムにすれば、電力が半分になって省エネ[注(1)]になる。信号機も簡素になって製造費も節約できるだろう。一灯で充分な機能の信号機になるのではないか。

4 現実に、そういった信号機はない。もしランプが切れた場合に、停まらなければならないときにその指示ができず、進めと勘違いされるからだ。これは Ⅰ 側である。では、青のランプ一灯にすれば良いのだろうか。ランプが切れた場合に、停まれになるから、Ⅱ 側である。けれども、青のランプが光っていないときに、停止の指示なのか、停電や機械の不具合によって信号機が点灯していないのかが、判別できない。もし、信号機にトラブルが発生しているなら、できるだけ早く察知する必要があるだろう。二灯の信号機の場合、両方が消えていれば、機械の不具合がすぐにわかる分、［Ⅲ］側に設計されているといえる。

5 フェールセーフ以外にも、安全を確保する設計思想がある。障害が発生した場合、それが致命的な結果を招かないように、補助をする装置を用意しておく。その補助装置に障害があった場合も想定し、さらに別の装置を用意する。安全を確保するために、二重三重に「バックアップ」を用意して備える、という考え方である。この場合も、「障害は発生するものだ」という立場で備えることに変わりはない。

6 人々は自然の中で生きているが、実際のところ、衣食住など身の回りにあるもののほとんどは人工の生産品であり、それらの品々すべてが、安全を意識して作られている。だからこそ、今の安全な社会が成り立っている。もちろん、まだまだ不備は多々あり、ときどき事故が起こっているけれど、問題が見つかるごとに反省し、議論し、改善されてきた。昔に比べれば、格段に住みやすくなっていることは確実であり、こうした安全な社会の基本となっているものが、万が一のことを想定して考えられたシステムである。そして、このような安全を維持していくことで「信頼性」というものが生まれてくる。信頼できるから、安心できるのだ。ひとたびトラブルが起こり、安全が脅かされると、信頼性が失われることになり、大勢が不安を抱く結果となる。安全を連続的に実現するという積み重ねによってしか、信頼は生まれない。安心というのは、なかなか得難いものだといえる。

7 さて、ここまで述べてきたように、人間の賢さというのは、悪い事態になったときのことを想定する能力であり、いうなれば、「悲観力」のようなものに支えられているのが、現代社会だといっても過言ではない。

8 機械のトラブルだけではない。人間自身が間違いを犯すことも非常に多い。機械以上に人間は間違えるものである。というよりも、人間が間違いばかりするから、機械が発明され、人間をカバーしているのが本当のところだ。

9 社会は、人間の意思によって動いているわけだから、人間が間違えば、つまり社会、あるいは国家が間違いを犯す。戦争をしたり、搾取をしたり、あるいは虐待・差別をしたり、といった悪い事態は、歴史を遡ればいくらでも見つけることができる。同じ過ちを繰り返すことも少なくなかった。機械の設計のようなフェールセーフが、人間の社会には不足していたのかもしれない。こういった反省から、民主主義や立憲政治などが生まれたともいえるだろう。

10 「これは戦争につながるものではないか」と疑う、「こういったことは差別を助長しかねない」と心配する。マスコミ[注(2)]などは、そういった兆候を見逃さず、「警鐘を鳴らす」ことが使命といえる。「ちょっと心配のしすぎではないのか」と思えることも多いけれど、しかし、基本的に「悲観」することが、重大な過ちを繰り返さないための歯止めとなる、という考えに基づいているのだろう。

（森(もり)　博嗣(ひろし)「悲観する力」より）

注(1)　省エネ…「省エネルギー」の略。エネルギーを効率良く使うこと。

注(2)　マスコミ…「マスコミニュケーション」の略。ここでは大衆への情報伝達を行う機関を指す。

問一　Ⅰ ～ Ⅲ にあてはまる語の組み合わせとして最も適当なものを次のア～エから一つ選び、その記号を書きなさい。（　　）

ア　Ⅰ　安全　Ⅱ　危険　Ⅲ　危険
イ　Ⅰ　危険　Ⅱ　危険　Ⅲ　安全
ウ　Ⅰ　安全　Ⅱ　安全　Ⅲ　危険
エ　Ⅰ　危険　Ⅱ　安全　Ⅲ　安全

問二　――線部について、「安心」が「得難い」のはなぜか。解答欄に合う形で、「安全」「信頼」という語を用いて四十字以内で書きなさい。

安心は、［　　　　　　　　　　］から。

問三　本文の構成について説明したものとして適当でないものを次から一つ選び、その記号を書きなさい。（　　）

ア　2は、1の内容を具体例を挙げてわかりやすく説明している。
イ　4は、3で提起された疑問について具体的な考察をしている。
ウ　7は、6までの内容をまとめた上で新たな話題を提示している。
エ　9は、8の指摘に対して歴史的根拠を挙げつつ反論している。

# 7 本文の内容に合ったものを選ぶ

**ちかみち 7** CHIKAMICHI

一、選択肢を**一つずつ本文の内容と照らし合わせ、**合致するかしないかを考える。
二、長くてまぎらわしい選択肢は、**内容を短く区切って検討する。**

◆ 次の文章は、寺島実郎(てらしまじつろう)の『世界を知る力』に手を加えたものです。これを読んで後の問いに答えなさい。抜き出し問題の字数には句読点（。、）を含みます。

（アサンプション国際高）

わたしたちは、ふだん世界を知る手段として、メディアを活用している。インターネットの発達によって、いまでは誰でもいつでも、比較的容易に一定レベルまでの情報にはアクセスできるようになった。インターネットが普及する前なら、しかるべき紹介状をもっていないと、ペンタゴンやホワイトハウスはもちろん、大学の研究室でも門前払いされたものである。紹介者の〝格〟によってアクセスできる情報の質が大きく変わったりもした。ところが、いまでは定型化された公式の情報であれば、高校生でもインターネットを通じて入手できるようになった。

しかし、大量の情報にアクセスできるようになるにつれ、膨大な情報のなかから筋道を立てて体系化したものの見方や考え方をつくっていくことがますます難しくなってきている。メディアも、体系化した情報の提供からはどんどん遠ざかり、ちぎっては投げちぎっては投げで、断片的な情報ばかりを扱うようになってきた。【ア】

わたしは、まず古本屋通いをおすすめする。いや、おすすめというよりは不可欠な話だと思っている。それも、できるなら大学生時代から始めてほしい。わたしも学生時代、早稲田(わせだ)の古本屋街にしょっちゅう顔を出しては、マンハイムやマックス・ウェーバーなど、当時の学生には目の玉が飛び出るほど高価だった本などに出会うと、アルバイトでお金ができるまで売れてしまわないように、こっそり棚の陰のほうに押し込んだりしたものだった。【イ】

古本屋通いの何がバラバラな情報を統合していく上でのトレーニングになるのかといえば、目当ての本以外の、それまで意識しなかった、あるいは知らなかった本が同じ棚や近くの棚に並んでいるのを目にし手に取ることで、わたしたちに思いもかけぬ相関の発見を促すからである。本と

本との相関が見えなければ知性は花開かない。【ウ】

無論、新刊書店でもいいのだが、いまの新刊書店は売れ筋のものばかりを平積みしているところが多いので、あまり発見がない。しかも、似たり寄ったりのものを一ヵ所に集めすぎている。【エ】

図書館でもいいが、日頃ネットで行っている「検索型アプローチ」（それも必要だが）ではトレーニングにならない。本の前に立って、じっと本を眺めて、手にとって考える。これが重要なのである。なぜか。情報と情報の相関は、表題だけではわからないことが多いからだ。「なぜ、この本がここに？」と思ったら、目次を開いてみる。すると、表題からは伝わらなかった③斬新な切り口が見えたりする。

そういう発見をひとつひとつ積み重ねていくことで、情報相互の連関や無関係に見えていた現象の相関などが、だんだん見えてくるようになる。そのうち、個々の情報をプロットする座標軸のようなものが頭の中に形成されていき、さらには、座標軸自体が多次元的なものへと発展していく。知識が、空海（くうかい）のような「全体知」へと高まっていくのである。

わたしは、現在でも日本にいる時は、④こまめに神田の古本屋街に足を運ぶ。あるいは、ロンドンに行くと、世界最大の売り場面積と書籍数を誇るといわれるフォイルズ書店で、あえて半日時間をつぶしたりする。フォイルズが日本の新刊書店と違う点は、まず古典がそろっていること。そして店員が、書物・文献に関する体系的な問題意識をもっていることだ。だから、たとえば「中東」をテーマにした本棚を見ても、うなるような古典から新刊にいたるまで、主だった本がずらっと並んでいる。眺めているだけで、「この問題意識を深めようとしたら、こういう本を読み、ついていかなければいけないんだな」という知的興奮が高まってくる仕掛けになっているわけだ。

【語注】　ペンタゴンやホワイトハウス…アメリカの国家機関の中枢。
　　　　プロットする…図表上に点で示すこと。
　　　　空海…真言宗の開祖。

問一　この文章からは次の一文が抜けています。元に戻すとすると、どこに入れるのが適当ですか。本文中の【ア】～【エ】から選んで、記号で答えなさい。（　　）

バラバラな情報と、いかにつき合えば、わたしたちは自分なりの世界像――仮説といってもいいだろう――を構築していけるのだろうか。

問二　――線部「わたしは、まず古本屋通いをおすすめする」とありますが、その理由を文章中から二十二字で抜き出し、最初と最後の五字ずつで答えなさい。

□□□□□～□□□□□

問三　次の⑴～⑷で本文の内容と合うものには○、異なるものには×で答えなさい。

⑴　様々な情報が簡単に手に入るようになり、世界のことがわかりやすくなってきた。（　　）

⑵　大量の情報を手に入れることができるようになったが、情報を体系化することが難しくなってきた。（　　）

⑶　ロンドンのフォイルズ書店では、古典から新刊までが同じ本棚に並んでいるので、読みたい本がみつからない。（　　）

⑷　頭の中に個々の情報をプロットする座標軸のようなものが形成されることで、問題意識が深まっていく。（　　）

# 8 心情をとらえる

**ちかみち 8** CHIKAMICHI

一、**心情を直接表現している部分**をおさえる。
二、人物の**行動・表情・会話・情景など**を手がかりに、心情をつかむ。

◆次の文章を読んで、後の問いに答えなさい。設問に字数の指定がある場合は、すべて句読点も字数に含みます。（東海大付福岡高）

「書記に塚原マチさんを推薦します」

一年五組の教室で、威勢よく手を挙げた光田琴穂(ことほ)の口からその声が出た瞬間、①背筋に冷たいものがすべりおちた気がした。あわてて顔を見つめるが、琴穂はマチの方を見ないで、まっすぐ黒板を見つめて続ける。

「理由は、昔から字がうまいからです。小学校が一緒なんだけど、その頃から何回か書記やってたもんね？」

尋ねるときだけ、マチの方を見る。マチはどう答えたらいいかわからず、顎(あご)だけゆっくり引いて頷(うなず)いてしまった。

確かにそうだった。だけど、そうやって引き受けた書記は自分から立候補したわけではなく、そのときだって誰かから推薦されたからやっただけだった。

「じゃあ、塚原さん、どうですか」

すでに委員長に決まり、みんなの前に立った守口みなみが言う。小学校の違う彼女は、まだ知り合って間もないクラスメートだったが、そのみなみから「塚原さん」と急に名前を呼ばれるとおなかの奥がきゅっと緊張したように痛くなる。

背が高く、首筋までのショートカットの髪は、いかにも昔から運動をやっていそうな雰囲気だ。その［A］した物言いや、何より入学して二週間足らずの新学期の教室で、堂々と手を挙げて委員長に立候補するなんて、マチには想像もできないくらいの活発さだった。

「私……」

気後れしながらも立ち上がると、クラスの全員が自分を見るのを感じた。足がすくんだようになる。

（断らなきゃ）

小学校の頃から、いつもそうだった。自分の意見がはっきり主張できないことを、両親や先生から注意されていたし、誰かから頼まれごとをすると、マチはそれをなかなか断ることができない。中学に入ったら、そんな②自分の性格を直したいと思っていた。

「どう？　塚原さん。書記の仕事、嫌？」

担任の先生までが言う。

仕事が嫌なのではなくて、こうやって流されてしまうのが嫌なのだと告げようとするが、大勢の人を前にしたら、どう言えばいいのかわからなくなった。かわりに口から「やります」というか細い声が出た。

前にいるみなみがにっこりと笑った。

「ありがとう。じゃあ、書記は塚原さん。早速だけど、前に出て黒板に書くのを替わってもらっていいですか」

「はい」

返事をして前に行く。人から注目されるのは苦手だった。前に歩き出すとき、膝に嫌な力が入ってしまう。

すでに黒板に書かれた名前を見る。

副委員長は、さっき自分を推薦した光田琴穂と、長沢恒河(こうが)に決まっていた。恒河もみなみと同じ小学校出身で、昔から二人は仲がいいのか、さっきから息の合った調子で［B］と議事を進めていく。彼もまた明るくはっきりと物を言えるタイプなのだろう。

「今から他の委員決めるけど、みんな、しっかり立候補しろよー」

ふざけ調子に恒河が言い、それをみなみが「恒河」と名前を呼んで軽くたしなめる。

胸の奥がちくりと痛んだ。なにげないはずの恒河の言葉が、［C］感じられた。

黒板の前でチョークを握り締めながら、マチは、そういえばこの間の部活を決めるときもこんなふうだったことを思い出していた。

二週間前、入学式が終わったすぐ後で「マチ、部活どうするの？」と琴穂から話しかけられた。

琴穂もまた、小学校から学級委員などをつとめ、友達が多いタイプだった。昔から仲がいいけど、眩しいほどにはっきりと相手に言葉をぶつける琴穂と自分は、まるで性格が違う。

「私、陸上部に入ろうかと思って」

「え。運動部なの？　マチには似合わない気がするけど」

勇気を出して言ってみたのだが、息を呑みこむ。確かに、小学校では運動部に入ってこなかった。黙ってしまったマチに、琴穂がさらに言う。

「あと、噂だけど、陸上部は練習厳しいし、先輩たちもみんな怖いらしいよ。やめといた方がいいかも」

③「そうなんだ……」

琴穂の言葉に膨らんでいた期待が急にしぼんでいくのを感じた。

「琴穂はどうするの、部活」

「私？　バスケ部。小学校の頃からミニバス大好きだったし」

琴穂とのやりとり以降、今では陸上部に入りたいという気持ちはだいぶなくなっている。仮入部のための見学にも一度も行っていない。運動部に入る気がなくなっても、何かの部活には入らなければならない。今のところ、校庭でペットボトルロケットを打ち上げる活動があると聞き、楽しそうだと科学部だけを見学に行った。このまま、自分は科学部に入るのだろうか。

委員長になったみなみが陸上部に入るつもりらしいことを、マチはもう聞いて知っていた。本当に、あの子はなんて自分とは違うのだろう。④憧れに似たため息が落ちて、それからやはり落ちこんでしまう。

（辻村深月「サクラ咲く」より）

問一　空欄［A］・［B］に入る言葉として最も適当なものをそれぞれ次の中から一つずつ選び、記号で答えなさい。A（　　）　B（　　）

ア　いそいそ　　イ　はきはき

ウ　さばさば　　エ　ずかずか

問二　傍線部①「背筋に冷たいものがすべりおちた気がした」とあるが、その理由として最も適当なものを次の中から一つ選び、記号で答えなさい。（　　）

ア　マチは他の委員に立候補するつもりだったが、予想外の書記に推薦されたから。

イ　それほど仲が良くなかった琴穂から思いがけず書記に推薦されたから。

ウ　小学校の時と同様に、自分から立候補していない書記に推薦されたから。

エ　小学校の時は学級委員に推薦されたが今回は書記に推薦されたから。

問三　傍線部②の「自分の性格」を説明した箇所を本文中から十六字で抜き出して答えなさい。

［　　　　　　　　　　　　　　　　］

問四　空欄［C］にあてはまるものとして最も適当なものを次の中から一つ選び、記号で答えなさい。（　　）

ア　立候補ではなく推薦されるまで黙って座っていた自分への注意のように

イ　小学校で書記の経験があることを黙って座っていた自分への注意のように

ウ　周りに流されることが嫌だということを黙って座っていた自分への注意のように

エ　担任の先生から後押しされるまで黙って座っていた自分への注意のように

問五　傍線部③「そうなんだ……」とあるが、その心情として最も適当なものを次の中から一つ選び、記号で答えなさい。（　　）

ア　陸上部は練習が厳しく先輩たちもこわいと噂され、人気のない部活とわかったから。

イ　自分を変えるために思い切って決断したが、琴穂の言葉によって入部することを迷い始めたから。

ウ　みなみと同じ部活に入り自分を変えるきっかけにしようと思ったが、運動部が自分には似合わないと思ったから。

エ　琴穂と同じ部活に入りたいと思っていたが、琴穂はバスケ部に入ることを決めていたから。

問六　傍線部④「憧れに似たため息が落ちて、それからやはり落ちこんでしまう」とあるが、この時のマチの心情として最も適当なものを次の中から一つ選び、記号で答えなさい。（　　）

ア　中学生になれば自分を変えられると思っていたがうまくいかない状況に不満を感じ落ち込んでいる。

イ　陸上部に入ることを決めているみなみに憧れているが、みなみのようになれない自分に落ち込んでいる。

ウ　中学校からは運動を始められると期待していたが、それも叶わないことが分かり落ち込んでいる。

エ　小学校のときから憧れていた陸上部が厳しい部活であると知り、入部することを迷い落ち込んでいる。

# 9 心情の理由を説明する

ちかみち 9 CHIKAMICHI

一、人物の心情をしっかりつかむ。
二、人物の**それまでの行動・表情・会話など**も手がかりに、その理由を考える。

◆次の文章を読んで、後の問いに答えなさい。（沖縄県）

征人（ゆきと）は、天徳島（てんとくじま）に住む14歳の少年で、この小さな島を早く出たいと思いながらも、父親に自分の気持ちを話せずにいた。同時に、父親に島を出たいと思ったことがないのか、聞いてみたいと思っていた。

父ちゃんはサバニ※1の漁師だ。今はエンジン付きが主流だけど、昔は櫂（かい）※2一本で荒波に挑んでいたという。波を切り開いてゆくサバニ。エンジン付きとはいえ、小さな船に乗って広大な海に一人で繰（く）り出してゆく父ちゃんは、たくましい海の男だ。自分にはとても真似できない。

毎日、夜明けまでずいぶんとある、まだ暗い時間に家を出る。もとから口数が少ない人だけど、最近はさらに話すことが減った。小さい頃だって、遊んでくれた思い出はあまりない。小学生のとき、クラブ活動でバドミントンをやりはじめた頃に、何度か一緒に練習してくれたのが、数少ない思い出のうちのひとつだ。打ち負かそうと強く打ち込んだり、左右を狙ったりすると、決まって父ちゃんは、

「相手の打ちやすいところに返せ」

と言った。

「それじゃ、負けるさー」

と言うと、おれの目をしずかに見て、それきりもう何も言わないのだった。

父ちゃんとは生活の時間帯も違うし、自分も友達と遊ぶことに忙しくて、［ I ］話すことはない。寡黙（かもく）※3でなにを考えているかわからない父ちゃんを、近寄りがたいと感じることも多い。家では新聞を読んでいるか、テレビを見ているかのどちらかだ。

テレビは将棋や囲碁の番組が好きで、他人がやっているのをみてどこがたのしいんだろうと思う。島のおじいたちと指せばいいのに、仕事から帰ってきたらほとんどずっと家にいる。なにがおもしろくて生きているんだろうか。なんにもないこの島で、誰ともつるまずに、ただ魚を獲（と）って

くる毎日。

―中略―　数日後、県外で生活している伯父（征人の父親の兄）が、お盆のために帰省してきた。

花火のあと、疲れたのか、※4由真（ゆま）は早々に寝てしまった。父ちゃんと伯父さんは昨日と同じように飲んでいる。父ちゃんは普段飲まないけれど、実は強いほうだと思う。たまに飲んでも、酔ったところを見たことがない。伯父さんは、ほろ酔い加減で少し※5饒舌（じょうぜつ）になっている。

「征人と酒飲める日が待ち遠しいなあ、政直（まさなお）」

伯父さんが父ちゃんに言い、そうだなあ、と父ちゃんが目を細めた。

「征人が高校生になったら、さみしくなるな」

高校は本島にしかないから、高校生になったら寮生活となる。

「征人は賢いから、医者にでもなるか？　それか、弁護士先生か」

たのしそうに伯父さんが言う。

「そんな頭、あるわけないさー」

母ちゃんが口を出し、おれはまたちょっとムッとした。

---

「父ちゃん」

「ん？」

「おれ、東京行きたい。東京の大学に行きたいさ」

なんの前ぶれもなく、おれの口から言葉が勝手に出ていた。みんなが一斉にこっちを見る。言った自分が、今いちばん驚いている。

「おお、そうか。東京の大学か。いいじゃないか。なあ、政直。末は大臣だぞ」

父ちゃんはなにも言わないで、お酒を口に含む。

「また、おだてんでくださいよ。大学なんて行ったって、たかが知れてる」

母ちゃんがまた口を挟んだ。

「おれ、いっぱい勉強して国立大学を目指す。だからいいでしょ。東京に行っても」

「征人は将来、なんになりたいのか」

伯父さんの問いにすぐには答えられなかった。なにかになりたいかなんて、わからない。将来の夢なんてまだなにもない。今のおれの夢は、東京に行くことだ。

黙ってしまったおれに、

「目的もないくせに、東京に行きたいなんて」

と、母ちゃんが不満げに言う。

「……おれ、東京に行きたいさ」

もう一度そう言ったら、なんだか胸がいっぱいになってしまった。これ以上言葉を口にしたら、①涙があふれてしまいそうだった。

「征人が行きたいところに行けばいい。先のことは、行ってから考えればいいさ」

これまで黙っていた父ちゃんが口を開いた。おれは父ちゃんの顔を見た。やさしい顔をしていた。うれしいはずなのに、その顔を見たら、どういうわけかもっと泣きたくなってしまった。

「……あ、ありがと」

それだけ言うのが精一杯だった。目の前がふいにぼやける。おれは慌てて立ち上がって、後ろ手にふすまを閉めた。

隣の部屋に入ったとたん、こらえきれずにぶわっと涙が出た。涙はあとからあとからどんどん出てきた。Tシャツの肩部分だけでは足りなくて、お腹の生地をめくって涙をぬぐった。

父ちゃんが、②望み通りの言葉を言ってくれたというのに、なにかに負けたような気分だった。父ちゃんを傷つけたと思った。

ごめんなさい、ごめんなさい。③おれは心のなかで、何度も何度も謝ったのだった。

（椰月美智子「14歳の水平線」より。設問の都合上、一部改変してある。）

（注）※1 サバニ…沖縄地方で古くから使われている小型漁船の名称。
※2 櫂…船をこぐ道具。
※3 寡黙…言葉数が少ないこと。
※4 由真…征人の妹。
※5 饒舌…口数が多いこと。

問一 空欄 I に当てはまる語として最も適当なものを、次のア～エのうちから一つ選び記号で答えなさい。（　　）

ア まさか　　イ どうか
ウ ほとんど　　エ おそらく

問二 傍線部①「涙があふれてしまいそうだった」のはなぜか。その理由として最も適当なものを、次のア～エのうちから一つ選び記号で答えなさい。（　　）

ア 胸の奥にしまい込んでいた思いを、父に対して初めて言葉にして、感情が高ぶってきたから。

イ　伯父に気持ちを認めてもらいたいが、同じ言葉を繰り返すことしかできずに、悔しかったから。
ウ　自分のことを否定する母親に対して、納得する返答ができずに、自信を無くしたから。
エ　覚悟を決めて自分の気持ちを正直に打ち明けたが、周りの反応に戸惑ってしまったから。

問三　傍線部②「望み通りの言葉」と対照的な会話文として最も適当なものを本文中より抜き出し、はじめの五字を答えなさい。（かぎかっこは字数に含めない。）

□□□□□

問四　傍線部③「おれは心のなかで、何度も何度も謝った」のはなぜか。その理由として最も適当なものを、次のア～エのうちから一つ選び記号で答えなさい。（　　）
ア　何でも受け入れるやさしい父親が、今回も無理をして自分を応援していることに気付いたから。
イ　島の外の生活を求めることが、はからずも父親の生き方を否定することになると気付いたから。
ウ　自分の浅はかな発言が、島の伝統を受け継いできた漁師たちを馬鹿にすることだと気付いたから。
エ　自分一人だけ東京に行くことが、家族の絆を失わせてしまうことになると気付いたから。

問五　本文の内容を説明しているものとして、最も適当なものを、次のア～エのうちから一つ選び記号で答えなさい。（　　）
ア　島で生きることを選んだ父親とは違い、島を出ることを選んだ伯父にならば、夢を支えてもらえるかもしれないという征人の希望が描かれている。
イ　父親の生き方を尊敬している母親に、言葉をさえぎられたことを疎ましく思いながらも、母親と分かり合いたい征人の内面が描かれている。
ウ　父親を理解できず隔たりを感じていたが、父の気持ちの一端に触れ思いを理解し、愛情の深さと自立の狭間で揺れ動く征人の姿が描かれている。
エ　島の人達との付き合いは少ないが、島の芸能を守り続ける父親を尊敬しながらも、自分の夢も追い求めたいという征人の葛藤が描かれている。

# 10 表現の特徴をとらえる

**ちかみち 10**（CHIKAMICHI）

**表現技法**や文章の特徴（文の長さ・会話文の量・文末表現・誰の視点による描写か、など）に着目する。
○別のものにたとえる→**比喩（ひゆ）**
・「ようだ」などを使ってたとえる→**直喩（ちょくゆ）**
・「ようだ」などを使わずにたとえる→**隠喩（いんゆ）**
・人でないものを人にみたてる→**擬人法**
○語順を入れかえる→**倒置**
○文末が名詞（体言）→**体言止め**
○音声や動作・様子を表す→**擬声（音）語・擬態語**

◆次の文章には、中学二年生で野球部員の佐藤が、十一か月を過ごした町から引っ越すことになり、友人たちに見送られた後のことが書かれている。この文章を読んで、後の問いに答えなさい。（静岡県）

列車が速度を増し、みんなの顔がすごい早さで流れていった。吉田（よしだ）、杉本、森田、中野美香（みか）、小森瑞穂（みずほ）、辻内早苗（つじうちさなえ）……。胸の中がぽっかりと空洞になったようで、それでいてぐっとひきつっているような感覚を覚えた。ぼくは大きなため息をついてから、再び車窓に目を向けた。何も考えることができなかった。ただみんなの顔が浮かんでは消えていった。注①岩崎の顔が浮かんだ時、彼はとうとう今日、ホームに姿を見せなかったと思った。それが1唯一の心残りだった。五分ほどで次の駅に着いた。人影のないその駅から、一人だけ乗客があった。その乗客はゆっくりとぼくのそばに近づいてきた。

ⓐ
岩崎だった。あっけにとられて見つめているぼくを尻目に、岩崎はそのまま何食わぬ顔で、ぼくの前の座席に腰を下ろした。「勘違いすんなよ。」岩崎がいつものようにぶっきらぼうな調子で言った。「ちょうど用事があって、たまたま同じ列車に乗っただけだからな。」「でもうれしいよ、もう会えないのかなって思っていたとこだったから。」ぼくは岩崎に言った。岩崎はしばらくの間、ぶすっとした顔で車窓から外の景色を眺めていたけれど、突然、「何でだよ。」とぼくを見ずに、つぶやくように言った。「なんでこんなに早く行っちゃうんだよ。俺からピッチャーを取り上げといてさ。」「父さんが転勤だから仕方がないんだ。」ぼくがそう言うと、岩崎はちぇっと小さく舌打ちをした。「そんなことは、知ってるよ。」

ぼくは岩崎が何を言うつもりなのかわからなかった。「正直に言うと、俺、佐藤のことが気になりながらもちょっと憎らしかった。」「……。」「俺がいくらくってかかっても、2 いつも悠然としてるってところがだよ。」

ぼくが、悠然としてるなんてことは全然ない。ぼくはぼくなりにいつも傷ついたり、イライラしたりしているのだ。でも、もしぼくのことがそんな風に見えるなら、ぼくは転校を繰り返すうちに、自分の感情を表に出すことがへたくそになっていたのだと思う。本当だよ、岩崎、ぼくは本当はそんなんじゃないんだ。ぼくは心の中でそう繰り返した。「でも佐藤、なんでそんなに無理してるんだよ。」突然の岩崎の言葉だった。ぼくは思わず岩崎を見た。「なんでもっと怒らないんだよ。なんでもっと感情をむき出しにしないんだよ。」ぼくは、少しの間何も言えずに岩崎の顔を見続けていた。ぼくが自分の感情を押し殺しながら生きてきたことは確かだ。それが転校生として生きていく最善の方法のように思っていたからかもしれない。

「じゃあ、聞くけど、岩崎もけっこう無理してるだろ。」ぼくがそう言うと岩崎はえっという表情でぼくを見た。「いつも、自分を過剰にカバーして。」岩崎はしばらく黙っていたけれどすぐににやっと笑ってぼくを見た。そのうちそれがこらえきれないというような笑いに変わっていった。「何がおかしいのさ。」ぼくは少し怒ったような口調で言った。「なんか似てるかもな、俺たち。」岩崎は笑いをかみ殺すようにしながら言った。「俺も佐藤と同じで、確かにかなり無理してるなあって、そう思ったら何だかおかしくなってきてさ。」

ⓑ

ぼくは、すっきりとうれしい気持ちになっていた。岩崎と最後に二人きりでこんな風に話ができるなんて、思ってもいなかったからだ。「あんなに反発していなかったらもっと親しくなれたのにって思うと、自分がちょっと嫌になるよ。正直に言うと少し後悔してる。」岩崎は今までになく素直な口調で言った。いいよ岩崎、時間なんてまだぼくらの前には無限に思えるほどあるんだから。もう少しぼくらが自由に動けるようになったら、きっとまた会うことができる……いや、ぼくは絶対にまたここに戻ってくるつもりだから。早い話、来年の三月にはあの廃屋（注②）でまた再会するのだから。

「吉田もな、時々羨ましいんだよ。」岩崎が言った。「俺と違ってストレートな奴（やつ）だから。」吉田のストレートに岩崎のくせ球。でもバッターを打ち取ろうと思ったらその両方をうまく織り交ぜることが必要なんだ、きっと。

そのとき、車内放送がまもなく次の駅に到着することを告げた。岩崎はゆっくりと立ち上がった。「次で降りるよ。」それから岩崎は少し間を置いてから、「絶対にまた戻ってこいよ。」と言った。

3うれしかった。おそらく岩崎はこのことをぼくに伝えるためだけに、みんなと離れて、一人だけで、ぼくのいる列車に乗り込んできたのだろう。

ぼくも立ち上がり、「本当にありがとう。」と言いながら右手を岩崎の前に差し出した。岩崎はちょっと照れたような表情でぼくの顔と手を交互に見ていたけれど、やがておずおずとぼくの右手をとった。ぼくらは力強く握手をした。

（阪口正博（さかぐちまさひろ）「カントリー・ロード」より）

（注）① 野球部の部員。佐藤が入部したことで、ピッチャーになれなかった。

② ここでは、友人たちとの再会を約束した場所のこと。

問一 佐藤が傍線部1のような気持ちになったのは、どのようなことに対してか。その内容を、簡単に書きなさい。

（　　　　）

問二 次のア～エの中から、本文中のⓐで示した部分の表現の特徴として、最も適切なものを一つ選び、記号で答えなさい。（　　）

ア 擬音語や擬態語を用いて、登場人物の心情や様子が表現されている。

イ 対句や倒置法などの技巧的な言い方が使われ、登場人物の感動が強調されている。

ウ 比喩表現を多用して、車窓からの眺めと登場人物の心情が印象深く表現されている。

エ 登場人物の心の中での語りかけが描写され、心情が分かりやすく表されている。

問三 佐藤は、岩崎に傍線部2のように感じさせてきたのは、自分のどのようなことが原因であると考えているか。次のア～エの中から、その原因であると佐藤が考えていることとして、最も適切なものを一つ選び、記号で答えなさい。（　　）

ア みんなと離れても必ず再会できると信じてきたこと。

イ いつも傷ついたりイライラしながら生活してきたこと。

ウ　転校を繰り返す中で仲間をどの場所でも作ってきたこと。

エ　自分の感情を抑えて外に表さないように過ごしてきたこと。

**問四**　佐藤は、岩崎の言葉を聞いて、傍線部3のような気持ちになった。佐藤が、傍線部3のような気持ちになったのは、岩崎の言葉をきっかけとして、どのようなことを推測したからか。佐藤が推測したことを、本文中のⓑで示した部分から分かる、佐藤に対する岩崎のこれまでの態度を含めて、五十字程度で書きなさい。

# 11 伝える工夫をとらえる

＼CHIKAMICHI／ ちかみち 11

【発表文】
文章の構成や表現の特徴、**資料の役割**に着目する。
○根拠を示す↓表・グラフ
○視覚に訴える↓図・写真・イラスト
【話し合い】
**発言の意図や言葉遣い**などに着目する。
○他人の意見を言い換え、まとめたり確認したりする。
○疑問を投げかけて、必要な情報を引き出す。
○話の流れを元に戻したり、話題を広げたりする。
○場面や立場に合わせて、文末表現（常体「だ・である」／敬体「です・ます」）を使い分ける。

◆　園芸委員長の河合さんは、新入生の生徒会説明会で園芸委員会の説明を資料を用いて行うことになった。次は、Ⅰ　前日までの新入生の様子、Ⅱ　当日に配付した資料、Ⅲ　説明と質疑応答の場面である。これらを読んで、後の問いに答えなさい。（長野県）

Ⅰ　前日までの新入生の様子

田中　中学校は、いろいろな委員会があるんだね。どんな活動をしているのかな。横沢さんは、どの委員会に入ろうと思っているの。
横沢　私は小学校の時、花づくり委員会で花壇の手入れをがんばったから、園芸委員会に入ろうと思っているけれど、中学校ではその他にも活動をしていることはあるのかな。

Ⅱ　当日に配付した資料

園芸委員会
❋❋❋❋❋❋❋❋
〈目標〉
花で学校を
美しくしよう

〈活動内容〉
・花壇の手入れ(春～秋)
(水やり・草取りなど)
・花壇の準備(秋～冬)
(苗づくり・土づくりなど)

〈やりがい〉
・花壇がきれいな花でいっぱいになるうれしさ
・花の成長の実感

Ⅲ　説明と質疑応答の場面

【説明】
河合さん
園芸委員会の活動について説明します。最初に、こちらの写真をご覧ください。（写真をスクリーンに映す）A

これは、私たちが育てている学校花壇の写真です。園芸という言葉を知っていますか。園芸というのは、庭などで草花を育てることです。私たちは、「花で学校を美しくしよう」という目標を大切にして日々活動をしています。

私たちの学校には三つの花壇と多くのプランターがあります。私たち園芸委員会のおもな活動は二つあります。B

一つ目は、春から秋にかけての活動です。この時期は花が咲いていますので、毎日水やりをして、草を取ります。他にも、時々肥料をあげたり、枯れてしまった花を取ったりと、花壇に花がきれいに咲くようにがんばっています。C

二つ目は、秋から冬の時期の活動です。この苗ポットで（苗ポットを見せる）苗を育てたり、花壇の土を耕したりして、次の季節の花壇の準備をしています。D

活動は、大変なこともありますが、花壇がきれいな花でいっぱいになると、うれしい気持ちになります。また、やりがいとして［　　］という点もあります。ぜひ園芸委員会で一緒に活動してみませんか。

【質疑応答】

司会　それでは、園芸委員会の説明に対して、何か質問はありますか。

田中　先ほど、活動で大変なこともあると言っていましたが、具体的にはどんなことが大変ですか。

河合　忘れずに水をやることや、草がどんどん生えてくるので取ることです。また、花が咲く時期に合わせて、苗を育てていくことです。育てた花を、入学式や卒業式の会場で使うので、間に合うように気をつけて準備しています。

田中　わかりました。ありがとうございました。

司会　他に質問のある人は、いますか。

横沢　私は小学校で花づくり委員会に入っていたので、花壇の手入れをしているという活動は同じだと思いました。中学校の園芸委員会では、他に活動していることはありますか。

河合　育てた花を地域のいろいろな場所に配る活動をしています。

**問一**　河合さんが説明の中で、Ⅱ当日に配付した資料の〈活動内容〉を見るように指示するとき、どこで指示するとよいか。最も適切なものを、説明のA～Dから一つ選び、記号を書きなさい。（　　）

問二　説明の中で、［　　］に当てはまる適切な言葉を、Ⅱ当日に配付した資料を踏まえて、十字以上十五字以内で書きなさい。

［　　　　　　　　　　　　　　　］

問三　説明の特徴として適切なものを、次のア～エから二つ選び、記号を書きなさい。（　　）（　　）

ア　他の委員会と比較することで、園芸委員会のよさを伝えようと話をしている。

イ　丁寧な言葉遣いをしたり問いかけたりして、親しみがもてるような話し方をしている。

ウ　園芸委員会のよさだけでなく、昨年度の課題を具体的に挙げながら話をしている。

エ　説明することを大まかに伝えた後、具体的な活動を説明している。

問四　田中さんと横沢さんの質問の意図として、最も適切なものを、次のア～エから一つ選び、記号を書きなさい。（　　）

ア　田中さんは河合さんの説明の誤りを指摘するために質問し、横沢さんは事前にもっていた疑問を解決するために質問している。

イ　田中さんは河合さんの説明の要点を確かめるために質問し、横沢さんは河合さんの説明の内容を確認するために質問している。

ウ　田中さんは説明を聞いて生じた疑問を解決するために質問し、横沢さんは事前にもっていた疑問を解決するために質問している。

エ　田中さんは説明を聞いて生じた疑問を解決するために質問し、横沢さんは河合さんの説明の誤りを指摘するために質問している。

問五　横沢さんの質問に対する河合さんの回答を受けて、あなたが河合さんに、さらに詳しく質問をするとしたら、どのような質問をするか。実際に話すように一つ書きなさい。

（　　　　　　　　　　　　　　　　　　）

# 12 資料を読み解く

CHIKAMICHI ちかみち 12

グラフや表は、**意見の根拠となる項目や数値**に注目する。グラフや表から気づいたことをふまえて考えを述べる場合は、**数値が最も大きいか小さい項目、変化の大きい項目など**に着目し考察する。

◆四人の中学生が、日本語に関する問題をテーマとするグループ学習で、【資料Ⅰ】〜【資料Ⅲ】をもとに話し合いをした。次の【四人の中学生の話し合い】を読んで、**問一〜問四**に答えなさい。字数が指定されている設問では、「、」や「。」も一ます使いなさい。（岡山県）

【四人の中学生の話し合い】

孝一　昨日の新聞記事によると、16歳以上の人の35％が「どちらかと言うと好ましくないと感じる」と答えているようだね。これはどうしてだろう。

奈緒　カタカナ語というのは、主に外国語、外来語のことだよね。【資料Ⅰ】を見ると、［　X　］。そこから考えると、カタカナ語だと意味がよくわからないので、カタカナ語の使用を好ましくないと感じる人がいるということなのではないかな。

優太　うちのおじいちゃんも、この間テレビを見ながら、「最近はカタカナ語が多くてさっぱりわからない」と言っていたよ。確かにニュースでも、何のことを言っているのかわからないものが多いよね。

絵理　でも、【資料Ⅱ】を見ると、「リベンジ」を主に使う人の割合は、「雪辱」を主に使う人の割合より40％も多いよね。私も「リベンジ」の方がなじみがあるし、よく使うかな。

孝一　つまり、単純に「カタカナ語だからわかりづらい」ということではないのではないか、ということだね。

絵理　あまり身近でない、わかりにくいカタカナ語もあれば、逆にカタカナ語の方が伝わりやすいこともあるよね。カタカナ語の使用について、私たちが注意すべきことは何かあるかな。

奈緒　【資料Ⅱ】のなかでは、「芸術家」を主に使う人の割合と「アーティスト」を主に使う人の割合とは、あまり差が大きくないように見えるけれど、【資料Ⅲ】を見ると、［　Y　］ということかな。

【資料Ⅰ】

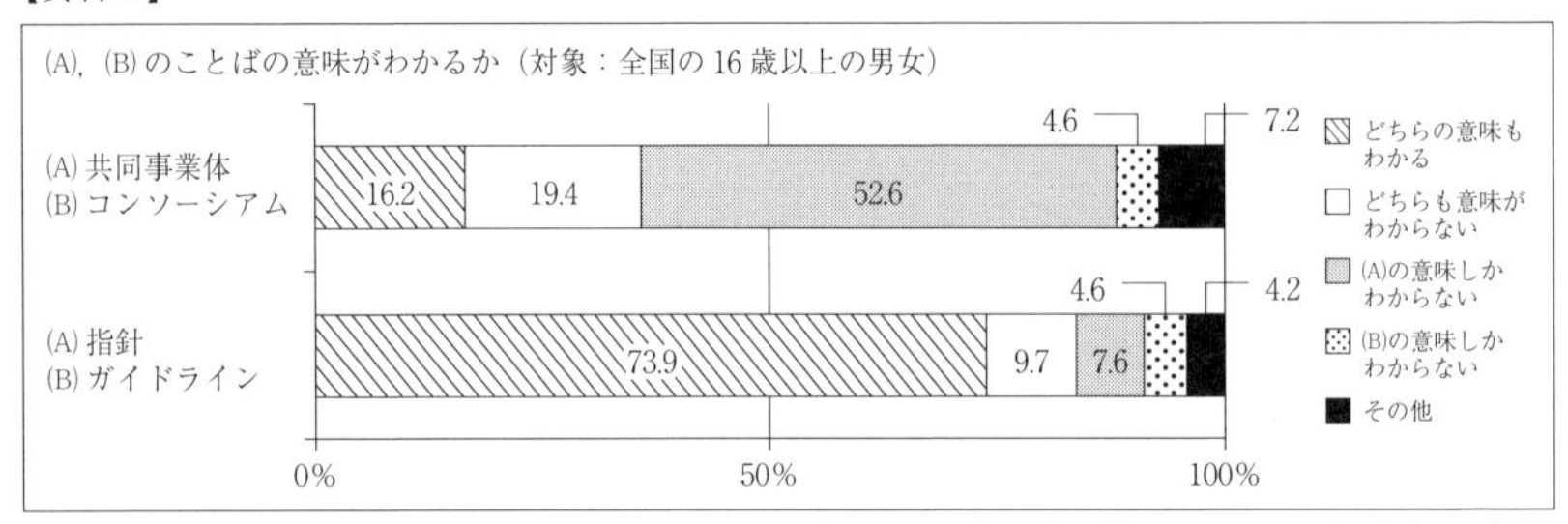


（文化庁　平成29年度「国語に関する世論調査」から作成）

【資料Ⅱ】

(A), (B)のどちらのことばを主に使うか（対象：全国の16歳以上の男女）

| | (A)を主に使う | (B)を主に使う | どちらも同じくらい使う | どちらも使わない | その他 |
|---|---|---|---|---|---|
| (A)脚本<br>(B)シナリオ | 54.5 | 22.3 | 18.7 | 4.3 | 0.2 |
| (A)芸術家<br>(B)アーティスト | 45.3 | 30.9 | 21.5 | 2.1 | 0.1 |
| (A)雪辱<br>(B)リベンジ | 21.4 | 61.4 | 11.6 | 5.0 | 0.6 |

（数字は％）

（文化庁　平成27年度「国語に関する世論調査」から作成）

【資料Ⅲ】

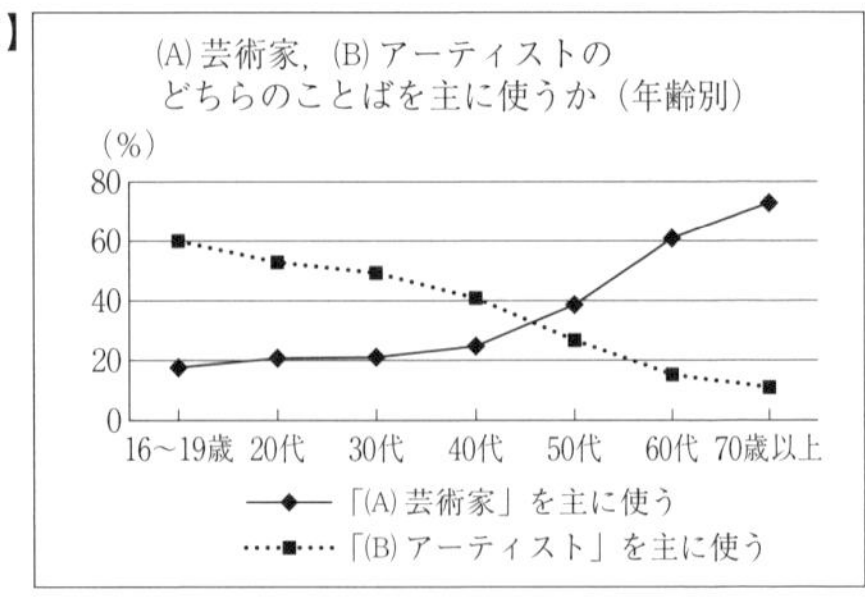


（文化庁　平成27年度「国語に関する世論調査」から作成）

問一　「外来語」とあるが、これに対して、もともと日本で使われていたことばのことを何というか。漢字二字で書きなさい。

問二　奈緒さんの意見が論理的なものとなるために、X に入れるのに最も適当なのは、ア～エのうちではどれですか。一つ答えなさい。（　　）

ア　「共同事業体」の意味しかわからないという人の割合が五割を超えているのに対して、「コンソーシアム」の意味しかわからないという人の割合は5％に満たないね

イ　「共同事業体」と「コンソーシアム」のどちらの意味もわかるという人の割合と、どちらも意味がわからないという人の割合はほとんど変わらないことがわかるね

ウ　「指針」と「ガイドライン」のどちらか一方の意味しかわからないという人の割合が約12％であるのに対して、どちらの意味もわかるという人の割合は七割を超えているね

エ　「指針」と「ガイドライン」のどちらも意味がわからないという人の割合よりも、どちらか一方の意味しかわからないという人の割合の方が大きくなっているね

問三　話し合いにおける四人の発言の特徴について説明したものとして適当なのは、ア～オのうちではどれですか。当てはまるものをすべて答えなさい。（　　）

ア　奈緒はことばの定義を確認することで、孝一が提示した話題のわかりづらさを暗に批判している。

イ　優太は自らの経験を具体例として示すことによって、話し合いの方向性を変える発言をしている。

ウ　絵理は資料から読み取った情報をもとに、それまで出ていたものとは異なる見方を提示している。

エ　絵理と優太は質問をすることで、他の人の発言の中でよく理解できなかった部分を確認している。

オ　孝一は絵理の考えを言い換えることによって、優太の考えとの違いがわかるようにまとめている。

問四　奈緒さんの発言の Y に入れるのに適当な内容を、条件に従って六十字以上八十字以内で書きなさい。

条件

**1**　二文に分けて書き、一文目に、【資料Ⅲ】からわかることを書くこと。

**2**　二文目に、カタカナ語の使用について注意すべきことを、「だから」に続けて書くこと。

※資料の数値は使わなくてもよいが、数値を使う場合は次の例を参考にして表記すること。

(例) 35.0 %

□ということかな。

# 解答・解説

※解説中のちかみち1～ちかみち12はそれぞれ ちかみち1 ～ ちかみち12 を指します。

## 1 接続語を入れる

ちかみち1 はこう使う！

問二、Ⅰ、「思い通りにいかなかった…しっかりと想定して行動するべき」であるのに反して、「いつも失敗したときのことばかり口にする人は…失敗したときの対処法までは考えていない」と指摘している。逆接の接続詞「だが」が入る。Ⅱ、「無謀な暴走は確かにまずい」ことを理由に、「何かに挑戦しようとしたら…考えておく必要がある」と導いている。順接の接続詞「だから」が入る。Ⅲ、「何かに挑戦」する前にすべきこととして、「失敗したときの対策を…きちんと考えておく」ことに、「最悪の事態にどう対処するかまで考えて」おくことを付け加えている。累加の接続詞「そして」が入る。Ⅳ、何かをするにあたって、とりあえず前に進むための方法として、「『どうすれば成功するのか』を真剣に考えてみ」ることを示している。現状を変えるために真っ先に行うということを表す、副詞の「まず」が入る。

回 **解答** 回

問一、X、オ　Y、ウ

問二、Ⅰ、エ　Ⅱ、オ　Ⅲ、ウ　Ⅳ、ア　問三、心配性の人・いつも失敗したときのことばかり口にする人　問四、想定

◇ **解説** ◇

問一、X、「物事は成り立たない」とあるので、「思い通りにいかなかったらどうするか…しっかりと想定して行動する」のとは逆の考え方。Y、ずっと口にしているのは、すぐ前の「だれかが何かをしようとするたびに…ストップをかける」ようなこと。

問三、「心配するだけで…対処まで考えていることはない」という人を示す「…人」という表現を前の部分から探す。

問四、「どんなことが起こる可能性があるのか」と想像することを意味する。

## 2 指示語の指示内容をとらえる

ちかみち2 はこう使う！

問一、同じ文の前半で「漢語」について説明していることに着目。「漢語」の比重が「日本語の中では非常に大きい」ということ。

問二、前文の「夏目漱石の時代ぐらいまでは…漢語になじむことが勉強の中心だった」に注目。後で「素読という形でやる」ことが「勉強の中心」だったと言い換えている。

回 **解答** 回

問一、漢語、日本語　問二、漢語になじむこと　問三、エ

問四、活字離れが進み語彙が増えなくなっていくこと。（22字）（同意可）

問五、(1)所属　(2)活用　(3)雰囲気

◇解説◇

問三、活字離れについて取り上げ、「友達同士のおしゃべりだけでやっていると、語彙が増えない」と述べている。

問四、「20程度ですべての会話が終わってしまう」とあるように、「活字文化から離れてしまって、友達同士のおしゃべりだけで…語彙が増えない」ことに着目する。

## 3　空欄に語句を入れる

**ちかみち3 はこう使う！**

問二、④「炊く前に水で洗う必要がないので…便利なお米」と説明していることから、後の「無洗米は洗う必要がない」という部分に着目する。⑦「お米を洗うのは…汚れているからではありません」と、「炊く前にお米を洗う理由」に関する誤った理解を訂正していることから考える。

問四、「お米を洗う」理由が入る。お米を洗うのは、「ぬかや汚れを洗い落とすのではなく、ぬかを取り除くため」と述べている。

◎解答◎

問一、①ウ　②イ　③エ　⑥ア　問二、④無洗米　⑦誤解

問三、水洗いよりもきれいに肌ぬかがとれて、うまみ層が傷つかずにそのまま残っているから。(40字)(同意可)　問四、エ

問五、お米をやさしくかきまぜながら、水洗いする(20字)

◇解説◇

問一、**ちかみち1**参照。①多くの場合、「餅米」と書かれることについて、「これは誤りです」と否定している。②「お餅に使われる『餅』という字」について、「『うすくて平たい』を意味する」ことを理由に、「ついて伸ばしてお餅になったときに使われる」と説明している。③「うるち」「うるち米」という二つの呼び方を並べている。⑥「…からです」と、無洗米がおいしい理由を導いている。

問三、「お米を洗う」理由や、「肌ぬか」についての説明をふまえて、「無洗米は、水洗いよりもきれいに肌ぬかがとれるので、おいしいのです」「粘着力で肌ぬかをとると、うまみ層が傷つかずにそのまま残ります。だから、おいしくなるのです」と述べていることに着目する。

問五、前の「ぬかを取り除くため」という理由をふまえて、「肌ぬかは…洗い落とさなければなりません。そのために、炊く前にお米をやさしくかきまぜながら、水洗いする」とあることに着目する。

## 4　脱文を元に戻す

**ちかみち4 はこう使う！**

問六、脱文の「他人へのそういう根源的な〈信頼〉」の指す内容を考えると、五段落に「相手も同じ規則に従うだろうという相互の期待や信頼」とある。

## 回解答回

問一、Ⅰ、ウ Ⅱ、エ Ⅲ、イ 問二、他人の身体 問三、イ
問四、不幸な体験 問五、学校 問六、ウ 問七、エ 問八、イ
問九、エ

## ◇解説◇

問一、**ちかみち1**参照。Ⅰ、前の「ルールそのもの」より、後の「ルールがなりたつための前提がなんであるかを理解させること」のほうがより重要であることを示す。Ⅱ、「他人の身体に起こっていること」を、「直接に知覚できないこと」と言い換えている。Ⅲ、「一生どこか欠乏感をもってしか生きられない」ことと「じぶんが…邪魔な存在ではないのかという疑いをいつも払拭できない」ことを列挙している。

問二、**ちかみち2**参照。幼稚園で体験する大事なことについてまとめた直前の内容を指す。

問三、直前の「そういう」が「生きるということが楽しいものであることの経験」を指すことに着目する。

問四、**ちかみち2**参照。直前で「幼児期に不幸な体験があったとして」と仮定したことを受けている。

問五、**ちかみち2**参照。「だれかの子として認められなかった子どもに…存在理由をあたえうる」場所で、すぐ前の文で「…その存在理由はない」と指摘されているのと同じものを指す。

問七、幼稚園で「みなでいっしょに身体を使い、動かすこと」は「直接に知覚できないことを生き生きと感じる練習」で、それは「身体に想像力を備わせること」につながる。そうやって「他人を思いやる気持ち」を育むことをいう。

問八、**ちかみち3**参照。直前の「こぼしたミルクを拭ってもらい…丹念に洗ってもらった」ことを示す。

問九、七段落に「家庭では…〈親密さ〉という感情である」とあり、八段落で「家庭という場所…無条件で他人の世話をうける」と述べている。そのことは九段落の「無条件に肯定された経験」であり、「生きることのプライド」につながる。

# 5 理由を説明する

**ちかみち5はこう使う！**

問三、「昔のように困る」とあるので、「ムラ社会」が存在した「昔」の生活に着目する。「昔」は、「一人では生きていけない」という事実があったことを述べた後で、「食料や衣類をはじめ…手を借りなければいけなかったから」と理由を説明している。

問四、「他の人々とのつながりを求めがちになる」と同じような内容を述べているところに着目する。「一人ぼっちではさびしいと感じる」「やはり親しい人…誰かとつながりを保ちたい」と述べた後に、そうした「つながり」が、「人間の幸せのひとつの大きな柱を作っているから」と理由を述べている。

## 回解答回

問一、A、イ B、ウ C、ア 問二、そうです。 問三、ア
問四、そのことが 問五、イ

◇解説◇

問一、**ちかみち1**参照。A、「一人では生きられないのか」と、「まあそれなりに生きていけるのか」という二つの問いを並べている。B、「ムラ社会」では「食料や衣類をはじめ…いろいろな人たちの手を借りなければいけなかった」ことを理由に、「『村八分』というペナルティ」が「死活問題」になると説明している。C、「利得の側面で人がつながっている面もたしかにある」ことを認めつつ、「人と人とのつながりはそれだけではない」と反対のことを述べている。

問二、**ちかみち4**参照。脱文に「お金さえあれば一人でも生きていける社会」とあるので、現代の状況を「一人でも生きていくことができてしまう社会」と認めているところに入る。また、本文に「でも…『そうは言っても、一人はさびしいな』という感覚」とあるので、その前に「一人でも生きていける」ことについて述べた文が必要になる。

問五、現代では「お金さえあれば、生きるために必要なサービスはだいたい享受できる」ようになり、「一人で生きていても昔のように困ることはありません」と述べている。

## 6 段落の働きをとらえる

**ちかみち 6 はこう使う！**

問三、ア、[2]は、「この『安全側』」と[1]の内容を受けて、「たとえば」と具体例を挙げて説明している。イ、[4]は、[3]の「一灯で充分な機能の信号機になるのではないか」という疑問について、「現実に、そういった信号機はない」と結論を述べた後、赤のランプ一灯の場合、青のランプ一灯の場合、二灯の場合についてそれぞれ考察している。ウ、[7]は、話題が移ることを表す「さて」で始まり、「ここまで述べてきたように」と[6]までの内容をまとめた上で、「悲観力」という新たな話題を提示している。エ、[8]で、人間が間違いを犯すことが「非常に多い」と述べたことを受けて、[9]で、「歴史」を遡ると、間違いの例を「いくらでも見つけることができる」と認めており、「反論」はしていない。

◎解答◎

問一、エ　問二、安全を連続的に実現するという積み重ねにより生まれる信頼があってはじめて成り立つ（39字）（同意可）　問三、エ

◇解説◇

問一、**ちかみち3**参照。工学の思想では、「『暴走』は危険側であり、『停止』は安全側である」という見方が基本とある。Ⅰは、停まらなければならないときに、「進め」と勘違いされる場合。Ⅱは、「停まれ」と判断される場合。Ⅲは、信号機にトラブルが発生していることがすぐわかる場合である。

問二、**ちかみち5**参照。「安全を維持していくことで『信頼性』というものが生まれ」、「信頼できるから、安心できる」という関係に着目する。さらに「信頼」について、「安全を連続的に実現するという積み重ね」によってしか生まれないということをおさえる。

## 7 本文の内容に合ったものを選ぶ

**ちかみち7 はこう使う！**

問三、(1) インターネットの発達によって、誰でも「比較的容易に一定レベルまでの情報にはアクセスできるようになった」ことを認めているが、情報の体系化が難しいことを挙げ、「世界のことがわかりやすくなってきた」とは述べていない。(2)「大量の情報にアクセスできるように」なったことを認める一方で、「膨大な情報のなかから筋道を立てて体系化したものの見方や考え方を…ますます難しくなってきている」と述べている。(3) フォイルズ書店で「うなるような古典から新刊にいたるまで、主だった本がずらっと並んでいる」のを眺めていると、「この問題意識を深めようとしたら、こういう本を読み…いけないんだな」という「知的興奮」が高まると述べている。(4) 手にとった本に「斬新な切り口」を見つけることを積み重ねることで、「個々の情報をプロットする座標軸のようなものが頭の中に形成されて」いくと述べている。さらに、「座標軸自体が多次元的なものへと発展して」いって、知識が高まり思考が深まることを述べている。

### 解答

問一、ア　問二、わたしたち～を促すから
問三、(1) ×　(2) ○　(3) ×　(4) ○

### 解説

問一、**ちかみち4**参照。「バラバラな情報」とのつき合い方を問いかけている一文なので、メディアが「断片的な情報」ばかり扱うことを述べた文章と、そういった情報とのつき合い方を述べた文章との間に入る。
問二、**ちかみち5**参照。筆者の学生時代のことを述べた後で、「古本屋通い」が「バラバラな情報」を統合するトレーニングになる理由を「…からである」という表現で示している。

## 8 心情をとらえる

**ちかみち8 はこう使う！**

問五、中学では自分を変えたいと思っていたマチは、小学校では入ってこなかった運動部に入ろうと思っていたが、「陸上部は練習厳しいし、先輩たちもみんな怖いらしい」という琴穂の言葉を聞き、「期待が急にしぼんで」しまい、「陸上部に入りたいという気持ち」が揺れ始めている。
問六、前の「本当に、あの子はなんて自分とは違うのだろう」に着目する。陸上部に入ろうと思いながら、結局は勇気がなくて他の部に入ることになりそうな自分と、その陸上部に入ろうとしているみなみはあまりに違うと思い、そんなみなみに近づきたいという思いと、けっして近づけないだろうというあきらめを抱いている。

### 解答

問一、A、イ　B、ウ　問二、ウ
問三、自分の意見がはっきり主張できない

## 近道問題24

問四、ア　問五、イ　問六、イ

◇解説◇

問一、**ちかみち3**参照。A、「活発」で「いかにも昔から運動をやっていそうな雰囲気」の守口みなみの「物言い」を考える。「はきはき」は、言い方がはっきりしているさま。B、「明るくはっきりと物を言えるタイプ」の長沢恒河が「議事を進めていく」様子を考える。「さばさば」は、物事にこだわらずあっさりしているさま。

問二、「書記に塚原マチさんを推薦します」と言われたマチは、小学校の時も「自分から立候補したわけではなく」「推薦され」て書記を引き受けたことがあったので、また同じことになるのではないかと不安になっている。

問三、小学校の頃から「自分の意見がはっきり主張できないことを、両親や先生から注意されていた」マチは、中学に入ったら、そうした短所を直したいと思っていることをおさえる。

問四、**ちかみち3**参照。前の「胸の奥がちくりと痛んだ」に着目する。「みんな、しっかり立候補しろよー」という恒河の言葉を聞いたマチは、光田琴穂に推薦されて書記を引き受けた自分に向けられた言葉のように感じて、後ろめたくなっている。

## 9　心情の理由を説明する

**ちかみち9はこう使う！**

問二、「おれ、東京に行きたい」という言葉は、父親に対して言ったもの。これまで父親とは「話すことはない」という状態だったのに、初めて自分の思いを伝えたことで「胸がいっぱいになってしまった」とある。

問四、「ごめんなさい、ごめんなさい」という謝罪の言葉の前に、「父ちゃんを傷つけたと思った」という征人の気持ちが描かれている。「サバニの漁師」で、「なんにもないこの島で…ただ魚を獲ってくる毎日」を送っている父親に対して、目的もないのに「東京に行きたい」と言った心の奥底には、島を出たいという思いがあることから考える。

回解答回

問一、ウ　問二、ア　問三、目的もない　問四、イ　問五、ウ

◇解説◇

問一、父親とは「生活の時間帯も違う」ことや、「友達と遊ぶことに忙し」いことから、話す機会が非常に少ないことを表す言葉が入る。

問三、「望み通りの言葉」とは、「征人が行きたいところに行けばいい」という、東京行きを認める父親の言葉を指している。その反対の、東京行きを非難する言葉をおさえる。

問五、征人は父親のことを「なにがおもしろくて生きているんだろうか」と思い、「寡黙でなにを考えているかわからない父ちゃんを、近寄りがたいと感じることも多い」としている。その父親が伯父の言葉に目を細めたり、「東京に行きたい」と言ったことを「征人が行きたいところに行けばいい」と「やさしい顔」で

認めてくれたりしたことで、父親の愛情を感じながらも、自分が「父ちゃんを傷つけた」と思い、心のなかで謝るという姿を描いている。

## 10 表現の特徴をとらえる

**ちかみち10 はこう使う!**

問二、「ぶすっとした顔」「ちぇっと小さく舌打ちをした」という表現に着目する。「ぶすっと」は不機嫌な様子を表す擬態語。「ちぇっ」は舌打ちの音を表す擬音語。

### 回解答回

問一、岩崎がホームに姿を見せなかったこと。(同意可)
問二、ア　問三、エ
問四、反発してきた岩崎が、絶対にまた戻ってこいよと伝えるためだけに一人だけで列車に乗り込んできたこと。(48字)(同意可)

### ◇解説◇

問一、主語の「それ」が指している内容を、直前の「岩崎の顔が浮かんだ時…姿を見せなかったと思った」からおさえる。

問三、「悠然としてる」ことは全然ないが、「もしぼくのことがそんな風に見えるなら…感情を表に出すことがへたくそになっていたのだ」と思っていることに注目。

問四、**ちかみち9**参照。「絶対にまた戻ってこいよ」という岩崎の言葉を聞いて、佐藤が推測した内容を問われているので、直後の「おそらく岩崎は…列車に乗り込んできたのだろう」をおさえる。岩崎のこれまでの態度については、「あんなに反発していなかったら…」という岩崎の言葉に着目する。

## 11 伝える工夫をとらえる

**ちかみち11 はこう使う!**

問三、イ、「です・ます」という丁寧語を使い、「園芸という言葉を知っていますか」「ぜひ園芸委員会で一緒に活動してみませんか」と呼びかけている。エ、「園芸委員会の活動について説明します」「おもな活動は二つあります」と示してから、活動の内容を説明している。アの「他の委員会と比較する」、ウの「昨年度の課題」については述べていない。

問四、田中さんは、「先ほど…言っていましたが、具体的にはどんなことが大変ですか」と、【説明】の内容を受けて質問し、くわしい説明を求めている。横沢さんは、「前日までの新入生の様子」にあるように、「中学校ではその他にも活動をしていることはあるのかな」と疑問をもっており、そのことを河合さんに実際にきいている。どちらも「説明の誤りを指摘する」ためではなく、知りたい情報を引き出して「疑問を解決する」ための質問である。

### 回解答回

問一、B
問二、花の成長を実感することができる(15字)(同意可)
問三、イ・エ　問四、ウ

問五、(例) いろいろな場所とは、具体的にどこですか。

◇解説◇

問一、「おもな活動は二つあります」と、活動内容の話を始めたところで指示すると、資料で確認しながら具体的な説明を聞くことができる。

問二、「やりがいとして」とあるので、資料の〈やりがい〉を見る。「花壇がきれいな花でいっぱいになるうれしさ」についてはすでにふれているので、「花の成長の実感」を「～という点」につながる形に言い換える。

問五、河合さんの回答では「いろいろな場所」としており、具体的な場所が示されていないことに注意する。

## 12 資料を読み解く

**ちかみち12 はこう使う!**

問二、奈緒の、「カタカナ語だと意味がよくわからないので、カタカナ語の使用を好ましくないと感じる人がいる」という意見を裏付ける資料として示していることに着目する。【資料Ⅰ】に挙げられた二つの例のうち、「Ⓐの意味しかわからない」と答えた人の割合が多い方を選び、それを根拠としている選択肢が入る。

問四、【資料Ⅲ】は、「芸術家」と「アーティスト」を主に使う人の割合を年齢別に示しているグラフである。16～19歳では「芸術家」を主に使う人の割合が約20%なのに対し、「アーティスト」を主に使う人の割合は60%。年代が上がっていくにつれてこの差は縮まり、50代以上になると逆転し、70歳以上では「アーティスト」を主に使う人の割合が約10%にまで下がっている。年代によって、カタカナ語を主に使う人の割合が変化することを読み取り、カタカナ語がわかりやすいかどうかは年代によって異なることを踏まえて、カタカナ語を使用するにあたって注意すべきことを二文目にまとめる。

回 **解答** 回

問一、和語　問二、ア　問三、ウ・オ

問四、どちらのことばを主に使うかの割合は年代によって異なる。だから、カタカナ語を使うときは、それが相手の年代にとってなじみのあることばなのかどうかに留意する必要がある(ということかな。)(80字)(同意可)

◇解説◇

問三、**ちかみち11**参照。**ウ**、絵理は、【資料Ⅱ】を例に挙げ、「『リベンジ』を主に使う人の割合は、『雪辱』を主に使う人の割合より40%も多いよね」と、それまでの「カタカナ語の使用を好ましくないと感じる人がいる」という流れとは逆の意見を述べて、異なる見方を示している。**オ**、孝一は、絵理が具体例を用いて述べた意見を「つまり、単純に『カタカナ語だからわかりづらい』ということではないのではないか、ということだね」と言い換え、要点をわかりやすくまとめている。**ア**の「批判している」、**イ**の「話し合いの方向性を変える」、**エ**の「質問をすることで」は不適当。